El diario de los hábitos

El diario de los hábitos

JAMES CLEAR

PAIDÓS.

Título original: *Clear Habit Journal*

© 2018, James Clear

Traducción: Angelika Plettner

Derechos reservados

© 2022, Ediciones Culturales Paidós, S.A. de C.V.
Bajo el sello editorial PAIDÓS M.R.
Avenida Presidente Masarik núm. 111,
Piso 2, Polanco V Sección, Miguel Hidalgo
C.P. 11560, Ciudad de México
www.planetadelibros.com.mx
www.paidos.com.mx

Diseño de portada: Planeta Arte & Diseño

Primera edición impresa en México: abril de 2022
ISBN: 978-607-569-231-9

Impreso en los talleres de Litográfica Ingramex, S.A. de C.V.
Centeno núm. 162-1, colonia Granjas Esmeralda, Ciudad de México
Impreso y hecho en México – *Printed and made in Mexico*

Guía rápida de inicio e índice

ÍNDICE
Todo en su lugar

Los números de página facilitan una indexación rápida y precisa del diario. Anota el contenido de cada sección a la izquierda y el número de página a la derecha.

UNA LÍNEA POR DÍA
Una entrada, un mes

La manera más sencilla de llevar un diario. Escribe una entrada arriba, luego úsala como base para tu entrada diaria de una línea.

☆

1

2

3

CUADERNO DE NOTAS
Hazlo tuyo

Con la cuadrícula de puntos puedes dividir
las páginas en mitades o tercios o diseñar tus
propias ideas.

RASTREADOR DE HÁBITOS
Pasos pequeños, resultados grandes

Haz una lista de tus hábitos y lleva un registro
de qué tan seguido te apegas a ellos. Cada
página es recortable para que la puedas colocar
en la puerta de tu refrigerador, escritorio
o cualquier otro lugar.

MES			ENE	FEB	MAR	ABR			
HÁBITO	1	2	3	4	5	6	7	8	9	10

ÍNDICE

TERMINA ↓

ÍNDICE COMPLETO ↓

ÍNDICE

TERMINA →

ÍNDICE COMPLETO →

Una línea por día

UNA LÍNEA POR DÍA

☆

ENE ← MES

ENE
FEB
MAR
ABR
MAY
JUN
JUL
AGO
SEP
OCT
NOV
DIC

1
2
3
4
5
6
7
8
9
10
11
12
13
14
15
16
17
18
19
20
21
22
23
24
25
26
27
28
29
30
31

☆

1
2
3
4
5
6
7
8
9
10
11
12
13
14
15
16
17
18
19
20
21
22
23
24
25
26
27
28
29
30
31

MES →

ENE

FEB

MAR

ABR

MAY

JUN

JUL

AGO

SEP

OCT

NOV

DIC

UNA LÍNEA POR DÍA

☆

MES ←

ENE
FEB
MAR
ABR
MAY
JUN
JUL
AGO
SEP
OCT
NOV
DIC

1
2
3
4
5
6
7
8
9
10
11
12
13
14
15
16
17
18
19
20
21
22
23
24
25
26
27
28
29
30
31

☆

1
2
3
4
5
6
7
8
9
10
11
12
13
14
15
16
17
18
19
20
21
22
23
24
25
26
27
28
29
30
31

MES →
ENE
FEB
MAR
ABR
MAY
JUN
JUL
AGO
SEP
OCT
NOV
DIC

UNA LÍNEA POR DÍA

☆

MES ↓   ENE   FEB   MAR   ABR   MAY   JUN   JUL   AGO   SEP   OCT   NOV   DIC

1
2
3
4
5
6
7
8
9
10
11
12
13
14
15
16
17
18
19
20
21
22
23
24
25
26
27
28
29
30
31

☆

1
2
3
4
5
6
7
8
9
10
11
12
13
14
15
16
17
18
19
20
21
22
23
24
25
26
27
28
29
30
31

MES → ENE FEB MAR ABR MAY JUN JUL AGO SEP OCT NOV DIC

UNA LÍNEA POR DÍA

☆

ENE ← MES

ENE

FEB

MAR

ABR

MAY

JUN

JUL

AGO

SEP

OCT

NOV

DIC

1
2
3
4
5
6
7
8
9
10
11
12
13
14
15
16
17
18
19
20
21
22
23
24
25
26
27
28
29
30
31

☆

1

2

3

4

5

6

7

8

9

10

11

12

13

14

15

16

17

18

19

20

21

22

23

24

25

26

27

28

29

30

31

MES → ENE FEB MAR ABR MAY JUN JUL AGO SEP OCT NOV DIC

UNA LÍNEA POR DÍA

MES ← ENE FEB MAR ABR MAY JUN JUL AGO SEP OCT NOV DIC

☆

1
2
3
4
5
6
7
8
9
10
11
12
13
14
15
16
17
18
19
20
21
22
23
24
25
26
27
28
29
30
31

☆

1
2
3
4
5
6
7
8
9
10
11
12
13
14
15
16
17
18
19
20
21
22
23
24
25
26
27
28
29
30
31

MES →
ENE
FEB
MAR
ABR
MAY
JUN
JUL
AGO
SEP
OCT
NOV
DIC

UNA LÍNEA POR DÍA

ENE ↓ MES FEB MAR ABR MAY JUN JUL AGO SEP OCT NOV DIC

☆

1
2
3
4
5
6
7
8
9
10
11
12
13
14
15
16
17
18
19
20
21
22
23
24
25
26
27
28
29
30
31

☆

1

2

3

4

5

6

7

8

9

10

11

12

13

14

15

16

17

18

19

20

21

22

23

24

25

26

27

28

29

30

31

MES ↓ ENE FEB MAR ABR MAY JUN JUL AGO SEP OCT NOV DIC

Cuaderno de notas

Rastreadores de hábitos

RASTREADOR DE HÁBITOS

HÁBITO	MES		1	2	3	4	5	6	7	8	9	10	11	12	13	14	15	16	17	18	19	20	21	22	23	24	25	26	27	28	29	30	31	TOTAL
		ENE				FEB			MAR			ABR			MAY			JUN			JUL			AGO			SEP			OCT			NOV			DIC		TODOS	

«Nada es más fuerte que el hábito». —Ovidio

RASTREADOR DE HÁBITOS

MES	ENE		FEB	MAR		ABR	MAY		JUN	JUL		AGO	SEP		OCT	NOV		DIC	TODOS		TOTAL
	1	2	3	4	5	6	7	8	9	10	11	12	13	14	15	16	17	18	19	20	21	22	23	24	25	26	27	28	29	30	31
HÁBITO																						

«Las personas no deciden sus futuros; deciden sus hábitos y sus hábitos deciden sus futuros». —F. M. Alexander

RASTREADOR DE HÁBITOS

HÁBITO	MES																														
		ENE		FEB		MAR		ABR		MAY		JUN		JUL		AGO		SEP		OCT		NOV		DIC		TODOS				TOTAL
		1	2	3	4	5	6	7	8	9	10	11	12	13	14	15	16	17	18	19	20	21	22	23	24	25	26	27	28	29	30	31

«Durante los primeros treinta años de tu vida, tú creas tus hábitos. Durante los últimos treinta años de tu vida, tus hábitos te crean a ti». —Dicho indio

RASTREADOR DE HÁBITOS

MES		ENE		FEB		MAR		ABR		MAY		JUN		JUL		AGO		SEP		OCT		NOV		DIC		TODOS	
	1	2	3	4	5	6	7	8	9	10	11	12	13	14	15	16	17	18	19	20	21	22	23	24	25	26	27	28	29	30	31	TOTAL
HÁBITO																																

«Es bueno para el mundo que en la mayoría de nosotros, a la edad de treinta, el carácter se ha endurecido como yeso y nunca más se ablandará». —William James

RASTREADOR DE HÁBITOS

MES	ENE		FEB		MAR		ABR		MAY		JUN		JUL		AGO		SEP		OCT		NOV		DIC			TODOS	
HÁBITO	1	2	3	4	5	6	7	8	9	10	11	12	13	14	15	16	17	18	19	20	21	22	23	24	25	26	27	28	29	30	31	TOTAL

«En la forma de una vida, el hábito juega su papel soberano». —Mary Oliver

RASTREADOR DE HÁBITOS

MES	ENE		FEB		MAR		ABR		MAY		JUN		JUL		AGO		SEP		OCT		NOV		DIC		TODOS		TOTAL
HÁBITO	1	2	3	4	5	6	7	8	9	10	11	12	13	14	15	16	17	18	19	20	21	22	23	24	25	26	27	28	29	30	31

«Primero hacemos nuestros hábitos, y luego nuestros hábitos nos hacen a nosotros». —John Dryden

RASTREADOR DE HÁBITOS

MES	ENE	FEB	MAR	ABR	MAY	JUN	JUL	AGO	SEP	OCT	NOV	DIC	TODOS
HÁBITO	1 2 3	4 5	6 7	8 9 10	11 12	13 14	15 16 17	18 19	20 21	22 23 24	25 26 27	28 29	30 31	TOTAL

«El cómo pasamos nuestros días es, por supuesto, el cómo pasamos nuestras vidas». —Annie Dillard

RASTREADOR DE HÁBITOS

PASOS PEQUEÑOS, RESULTADOS GRANDES

MES	ENE		FEB		MAR		ABR		MAY		JUN		JUL		AGO		SEP		OCT		NOV		DIC		TODOS	TOTAL
HÁBITO	1	2	3	4	5	6	7	8	9	10	11	12	13	14	15	16	17	18	19	20	21	22	23	24	25	26	27	28	29	30	31

«Vale la pena ser fanático de los buenos hábitos». —John Irving

RASTREADOR DE HÁBITOS

MES		ENE		FEB		MAR		ABR		MAY		JUN		JUL		AGO		SEP		OCT		NOV		DIC	TODOS	
HÁBITO	1	2	3	4	5	6	7	8	9	10	11	12	13	14	15	16	17	18	19	20	21	22	23	24	25	26	27	28	29	30	31	TOTAL

«Cuida tus acciones, se convierten en tus hábitos. Cuida tus hábitos, se convierten en tu carácter». —Vince Lombardi

RASTREADOR DE HÁBITOS

MES	ENE		FEB		MAR		ABR		MAY		JUN		JUL		AGO		SEP		OCT		NOV		DIC	TODOS	
	1	2	3	4	5	6	7	8	9	10	11	12	13	14	15	16	17	18	19	20	21	22	23	24	25	26	27	28	29	30	31	TOTAL
HÁBITO																																

«La naturaleza de los hombres es similar. Son sus hábitos los que los separan». —Confucio

RASTREADOR DE HÁBITOS

HÁBITO	MES																															
	ENE	FEB	MAR	ABR	MAY	JUN	JUL	AGO	SEP	OCT	NOV	DIC	TODOS																		TOTAL
	1	2	3	4	5	6	7	8	9	10	11	12	13	14	15	16	17	18	19	20	21	22	23	24	25	26	27	28	29	30	31

«La capacidad de combinar es el mayor invento de la humanidad». —Albert Einstein

RASTREADOR DE HÁBITOS

MES	ENE		FEB		MAR		ABR		MAY		JUN		JUL		AGO		SEP		OCT		NOV		DIC		TODOS	TOTAL
HÁBITO	1	2	3	4	5	6	7	8	9	10	11	12	13	14	15	16	17	18	19	20	21	22	23	24	25	26	27	28	29	30	31	

«Repite cualquier cosa durante el tiempo suficiente y se convertirá en una parte de ti». —Alexander Cortes

Juegos de herramientas

Maneras poderosas de usar
este cuaderno de notas

INTRODUCCIÓN
Tácticas avanzadas para acelerar tu progreso

El diario de los hábitos está diseñado para proporcionar
la combinación definitiva de flexibilidad y estructura.

En particular, la mayor parte del diario se compone de páginas
con un diseño de cuadrícula punteada. Este puede usarse
para dividir fácilmente las páginas (por ejemplo, en mitades o
tercios), para cualquier tarea o hábito que necesites rastrear,
y también es perfecto para llevar un diario de viñetas
o *bullet journal*.

Las siguientes páginas contienen guías paso a paso —juegos
de herramientas— que puedes usar para aprovechar al máximo las
páginas de cuadrícula punteada. Estos conjuntos de herramientas
te ayudarán a desarrollar mejores hábitos de toma de decisiones,
de productividad, de salud y, en general, a mejorar la calidad de
tu forma de pensar y vivir.

Por supuesto, estas ideas se ofrecen solo como punto de partida.
El diario de los hábitos puede evolucionar y crecer a medida
que cambian tus necesidades y gustos.

Esta guía de referencia se divide en cuatro secciones:

Los juegos de herramientas ofrecen estrategias avanzadas. Para obtener instrucciones básicas, consulta la «Guía de inicio rápido» al comienzo de *El diario de los hábitos*.

RASTREADOR DE HÁBITOS
La forma más eficaz de monitorear tus hábitos

Un rastreador de hábitos es una forma simple de registrar si llevaste a cabo un hábito. Es un buen método para medir qué tan consistente eres en seguir con tus hábitos.

Este diario contiene varias plantillas rastreadoras de hábitos. Puedes recortar estas páginas y colgarlas en tu oficina, cocina, dormitorio o en cualquier otro lugar donde desees rastrear tus hábitos. Por supuesto, también puedes mantenerlas en *El diario de los hábitos.*

La forma más común de usar un rastreador de hábitos es centrarse en algunos pocos hábitos importantes cada mes. Simplemente encierra en un círculo el mes que corre en la parte superior del rastreador y luego enlista los hábitos que deseas mantener en la columna izquierda.

Cada vez que completes con éxito un hábito, márcalo con una «X». A fin de mes, puedes sumar el número total de veces que has completado cada hábito y comparar tu progreso con respecto al mes anterior.

También es posible utilizar un rastreador de hábitos para medir un hábito durante todo un año. Comienza anotando tu hábito en la parte superior del rastreador y encerrando en un círculo «TODOS» en la columna de los meses. Luego, enlista los 12 meses en la columna de la izquierda. Con esta configuración podrás registrar tu progreso durante cada mes del año. Si lo deseas, puedes sumar tus totales mensuales para comparar un mes con el siguiente y calcular un total anual.

No importa el formato que elijas, el rastreador de hábitos ofrece una forma fácil y efectiva de permanecer atento a tus hábitos y mantenerte constante a lo largo del tiempo.*

> **Nunca cambiarás tu vida hasta que cambies algo que haces a diario. El secreto de tu éxito se encuentra en tu rutina diaria.**
>
> —John C. Maxwell

---

*Para más información sobre el seguimiento de hábitos, ver capítulo 16 de *Hábitos atómicos* de James Clear.

RASTREADOR DE HÁBITOS

HÁBITO	ENE			FEB		MAR			ABR		MAY		JUN			JUL		AGO	
	1	2	3	4	5	6	7	8	9	10	11	12	13	14	15	16	17	18	19
LEER		X	X	X		X		X	X	X	X		X	X					
ESCRIBIR	X			X		X	X		X			X	X		X				
PREP. COMIDA	X	X			X		X		X		X	X		X					
EJERCICIO		X			X			X			X		X			X			
MEDITAR			X			X			X		X		X		X				

Plantilla para el monitoreo mensual de hábitos

RASTREADOR DE HÁBITOS - LEER TODOS LOS DÍAS

HÁBITO	ENE			FEB		MAR			ABR		MAY		JUN			JUL		TODOS	
	1	2	3	4	5	6	7	8	9	10	11	12	13	14	15	16	17	18	19
ENERO	X	X	X	X	X	X	X	X		X	X	X		X	X	X			
FEBRERO	X		X	X	X	X		X	X	X	X	X	X	X		X			
MARZO	X	X	X	X		X	X	X	X	X		X	X	X	X	X			
ABRIL		X	X		X	X	X	X		X	X	X	X	X	X	X	X		
MAYO	X	X	X	X	X	X		X	X	X	X		X	X		X	X		
JUNIO	X	X	X	X		X	X	X	X	X	X	X		X	X				
JULIO		X	X	X	X	X	X		X		X	X	X		X				

Plantilla para el monitoreo anual de hábitos

RASTREADOR DE HÁBITOS (cont.)

Ya sea que hagas un seguimiento de hábitos mensuales o anuales, el uso básico del rastreador es el mismo. Hay tres maneras de registrar tu progreso:

✎ TODO O NADA

La primera opción es registrar tus hábitos en la modalidad de todo o nada. O lo hiciste o no lo hiciste. En este caso, simplemente pon una «X» en la celda correspondiente a ese día.

✎ MARCAS DE CONTEO

La segunda opción es usar marcas de conteo (| || ||| |||| |||||) para registrar el número de veces que has hecho algo cada día. Este enfoque funciona bien para los hábitos que suceden varias veces al día, como registrar cuántas tazas de café bebes o el número de correos electrónicos de ventas que has enviado.

✎ SIN CERO DÍAS

La tercera opción es registrar cada día como «0», «1» o «2».

Anota «2» si lograste tu hábito como esperabas. Anota «1» si lo hiciste, pero con un poco de trampa. Anota «0» si no lo hiciste. Por ejemplo, si tu objetivo es meditar durante diez minutos, entonces meditar durante diez minutos es un 2, meditar durante siete minutos es un 1 y no

meditar en absoluto es un 0. Los 1 prueban que por lo menos algo hiciste (frecuencia) y los 2 demuestran que lo estás haciendo bien (calidad).

El objetivo con este enfoque es lograr «sin cero días». Un día cero es un día en el que no haces nada de trabajo para alcanzar tus metas. Un día sin cero es cuando haces algo —cualquier cosa— que te haga avanzar con tus hábitos.

La motivación clave es no registrar ceros. Si solo puedes hacer una flexión, entonces hazla, porque una es mejor que cero. Si solo puedes escribir una oración de tu proyecto de libro, está bien. No dejes pasar otro día sin hacer algo para mejorar tus hábitos. Algo siempre es mejor que nada.

Una vez que tu rastreador de hábitos esté lleno podrás calcular un total al final de cada columna para ver tu total del mes. Si eres el tipo de persona que disfruta de convertir las cosas en un juego, puedes considerar estos totales como tus «Puntos de excelencia».

Una vez que hayas establecido un punto de referencia, podrás establecer un objetivo para el próximo mes que supere solo un poco tu norma e intentar establecer

una nueva «puntuación alta» para
tu vida. Por ejemplo, yo registré mis
entrenamientos durante todo un
año y descubrí que mi promedio
era nueve por mes. Al año siguiente,
decidí establecer una meta de diez
entrenamientos por mes. Nada radical,
solo una ligera mejora.

LA MATRIZ DE EISENHOWER
Separando lo urgente y lo importante

Dwight Eisenhower fue el 34.°
presidente de los Estados Unidos y
un general de cinco estrellas en el
ejército estadounidense en la Segunda
Guerra Mundial. Durante su carrera
altamente productiva, Eisenhower a
menudo organizaba sus días usando un
método que ahora se conoce como
la *matriz* o la *caja de Eisenhower*.
Es una herramienta de toma de
decisiones simple que puedes utilizar
para priorizar tus tareas y asegurarte
de que te estás centrando en lo más
importante.

Para crear tu propia matriz de
Eisenhower pasa a una de las páginas
de cuadrícula punteada y divide la
página en cuatro secciones iguales.
En la parte superior etiquetarás
las dos columnas como «Urgente»
y «No urgente». En la parte lateral
izquierda etiquetarás las dos filas
como «Importante» y «No
importante».

A continuación, repartirás tus tareas
entre las cuatro categorías:

CUADRANTE I
Estas tareas son urgentes e
importantes. Estas son las cosas que
debes hacer de inmediato.

CUADRANTE II
Estos asuntos son importantes, pero
no urgentes. Son las cosas que sabes
que debes hacer, pero que rara vez
logras hacer. Deberías programar un
tiempo y un lugar para asegurarte de
llevarlas a cabo.

CUADRANTE III
Las tareas enlistadas aquí son
urgentes, mas no importantes.
Esta es la categoría de tareas que a
menudo te roban tu tiempo y energía
porque estás «apagando fuegos»
todo el día. Siempre que sea posible,
deberían ser automatizadas con
tecnología, delegadas a otra persona
o completadas después de las tareas
en los Cuadrantes I y II.

CUADRANTE IV
Estas tareas no son ni urgentes ni
importantes. Deberían ser eliminadas
o ignoradas.

Esta matriz se puede utilizar para
planes de productividad amplios
(«¿Cómo debo gastar mi tiempo cada
semana?») y para listas de pendientes
diarios («¿Qué debería hacer ahora?»).
Es una herramienta de toma de
decisiones simple a la que puedes
regresar cada vez que te sientas
abrumado y necesites que te
recuerden lo que más importa.*

> **Lo importante rara vez
> es urgente y lo urgente
> rara vez es importante.**
>
> —Dwight Eisenhower

*Para más, visita jamesclear.com/eisenhower-box.

	URGENTE	NO URGENTE
IMPORTANTE	Escribir el artículo de hoy	Hacer ejercicio Llamar a mamá Terminar el plan de lanzamiento del producto
	1	2
	3	4
NO IMPORTANTE	Reservar los boletos de avión Agendar entrevistas Responder correos	Ver televisión Revisar mis redes sociales Revisar el correo basura

Matriz de Eisenhower

PENSAMIENTO DE SEGUNDO ORDEN
Pensando más allá de la etapa uno

Una decisión que parece ser una clara victoria a primera vista a menudo resulta ser una pérdida sorprendente cuando se consideran las consecuencias a largo plazo. Una forma de examinar las consecuencias a largo plazo de tus decisiones es utilizar «el pensamiento de segundo orden».

La mayoría de las personas son pensadores de primer orden, lo que significa que solo anticipan lo que ocurrirá inmediatamente después de tomar una decisión. En comparación, el pensamiento de segundo orden requiere que anticipes no solo el resultado inmediato de tus acciones, sino también los resultados a mediano y largo plazo. El economista Thomas Sowell llama a esto «pensar más allá de la etapa uno».

El pensamiento de primer orden es rápido e instintivo. Se centra en encontrar una solución inmediata a un problema: «Tengo sed, así que voy a beber un refresco».

El pensamiento de segundo orden es más lento y más paciente. Ocurre cuando analizas cuidadosamente las consecuencias derivadas de una acción: «¿Qué pasará si tomo un refresco cada vez que tengo sed? Voy a consumir muchas calorías adicionales y aumentar de peso. Debería beber agua en su lugar».

El ajedrez ofrece un buen ejemplo. Para ser un buen ajedrecista debes imaginar no solo tu próximo movimiento, sino también el movimiento que hará tu oponente en respuesta al tuyo, y el que harás luego tú en respuesta al suyo y el que de nuevo hará tu oponente... y así sucesivamente. Estás imaginando las consecuencias de primer orden a segundo orden a tercer orden y más.

La forma más práctica de convertirte en un pensador de segundo orden es preguntarte: «¿Y luego qué?».

> Haré A y sucederá B.
> ¿Y luego qué?
> B hará que suceda C.
> ¿Y luego qué?
> C causará D.
> ... y así sucesivamente.

De manera similar, el pensamiento de segundo orden puede lograrse mediante el uso de la «Regla 10-10-10» para imaginar el resultado final de tus opciones. Considera cada opción y pregúntate: «¿Cuáles serán las consecuencias en 10 minutos, en 10 meses, en 10 años?».

Para crear tu propia plantilla para el pensamiento de segundo orden, escribe la decisión que estás considerando en la parte superior de la página. Luego divídela en tres columnas verticales y etiquétalas como «1.er orden», «2.º orden» y «3.er orden». Completa cada columna a medida que analizas las consecuencias inmediatas y las de mediano y largo plazo.

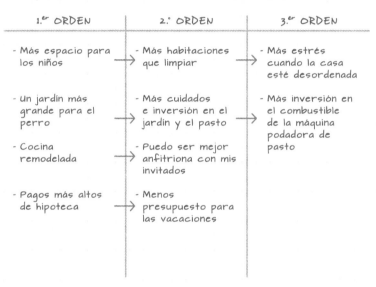

¿ES BUENA IDEA COMPRAR UNA CASA MÁS GRANDE?

1.er ORDEN	2.º ORDEN	3.er ORDEN
- Más espacio para los niños	- Más habitaciones que limpiar	- Más estrés cuando la casa esté desordenada
- Un jardín más grande para el perro	- Más cuidados e inversión en el jardín y el pasto	- Más inversión en el combustible de la máquina podadora de pasto
- Cocina remodelada	- Puedo ser mejor anfitriona con mis invitados	
- Pagos más altos de hipoteca	- Menos presupuesto para las vacaciones	

Plantilla para el pensamiento de segundo orden

No tener en cuenta las consecuencias de segundo y tercer orden es la causa de muchas decisiones malas y dolorosas, y es especialmente mortal cuando la primera opción inferior confirma tus propios prejuicios. Nunca aproveches la primera opción disponible, no importa lo buena que parezca, antes de hacer preguntas y haber explorado.

—Ray Dalio

EL DIARIO DE LAS DECISIONES
Tomar decisiones más inteligentes

Un diario de decisiones es una herramienta poderosa que puedes utilizar para tomar mejores decisiones en la vida y en el trabajo. Los diarios de decisiones son comúnmente utilizados por directores ejecutivos (CEOs) y fundadores, inversionistas y capitalistas de riesgo, jugadores profesionales de póker y cualquiera que desee mejorar su capacidad de tomar decisiones inteligentes.

Puedes diseñar un diario de decisiones creando tres secciones horizontales en una página con cuadrícula punteada. Luego, etiqueta cada una de las secciones de la siguiente manera:

I. PREDICCIÓN
Primero, escribe la fecha de tu predicción. Luego, describe la situación actual y lo que predices que sucederá.

Preguntas a tener en cuenta al hacer una predicción:
- ¿Cuál es la realidad actual de la situación?
- ¿Cuál es el rango de futuros resultados posibles?
- ¿Qué espero que suceda?
- ¿Cuál es la opinión general (qué piensan los demás)?
- ¿Cómo difieren mis expectativas de las de los demás?

- ¿Puedo vivir con el peor de los escenarios?
- ¿Cuál es el mejor de los escenarios? ¿Qué tan probable es que suceda?

II. DECISIÓN
A continuación, registra la fecha de tu decisión. Luego, anótala con sus respectivas razones.

Preguntas a tener en cuenta al tomar una decisión:
- ¿Cuál es mi decisión?
- ¿Cuál es la probabilidad de que tenga razón?
- Si ignoro mis experiencias personales y solo considero los hechos disponibles, ¿qué elección haría?
- ¿A qué estoy renunciando? Al tomar esta decisión, ¿qué es lo que no estoy haciendo?
- ¿Cómo me siento en este momento, física y emocionalmente?
- ¿Cómo me sentiré acerca de esta decisión cuando tenga 100 años?

III. REVISIÓN
Finalmente, deja espacio para revisar los resultados de tus decisiones en una fecha posterior. Programa tiempo para reflexionar sobre tus decisiones anteriores para que puedas mejorarlas la próxima vez.

Algunas de las preguntas de esta plantilla han sido compiladas a partir de listas de toma de decisiones creadas por Daniel Kahneman, Howard Marks, Chris Clark y Shane Parrish.

Preguntas a tener en cuenta al revisar un decisión:

- ¿Qué pasó realmente?
- Si el resultado fue favorable, ¿tuve suerte o mi proceso de decision fue el correcto?
- Si el resultado no fue favorable, ¿tuve mala suerte o más bien mi proceso de decisión fue incorrecto?
- ¿Qué aprendí?

- ¿Cómo puedo mejorar mi proceso de toma de decisiones para la próxima vez?

Al tratar con el futuro, debemos pensar en dos cosas: (a) lo que podría suceder, y (b) la probabilidad de que sucederá.

—Howard Marks

PREDICCIÓN   Fecha: 22/01

DECISIÓN   Fecha: 27/01

REVISIÓN   Fecha: 01/03

Plantilla para la toma de decisiones

DIARIO DE VIÑETAS
Productividad rápida

Un diario de viñetas (o *bullet journal*) es un marco popular que te ayuda a tomar notas y organizar tus tareas de forma rápida y precisa.*

El diseño de cuadrícula punteada dividida de *El diario de hábitos* es particularmente útil para llevar un diario de viñetas porque la mayoría de los diseños de diarios de viñetas dividen la página en mitades o tercios.

En particular, hay tres tipos principales de esquemas de página utilizados por los usuarios de diarios de viñetas: diario, semanal y mensual. Los esquemas mensuales brindan un panorama general. Los semanales cubren solo la información esencial. Los esquemas diarios capturan los detalles más finos.

Considera el siguiente ejemplo de entrenamiento físico proporcionado por el usuario de diario de viñetas Matt Ragland:

- La plantilla mensual muestra la fecha del evento: «Carrera el 9 de octubre».
- La plantilla semanal muestra información básica sobre el entrenamiento: «Correr o levantar pesas».

- La plantilla diaria muestra información específica sobre la sesión de entrenamiento: «Corrí 8 km a un ritmo de 6 min/km».

Encontrarás ejemplos de cada plantilla en las siguientes páginas, pero no es necesario que utilices los tres. Como siempre, el enfoque debe estar en crear un sistema de diario que funcione para ti.

PLANTILLA DE PRODUCTIVIDAD DIARIA
Un esquema de página simple y efectivo para la productividad diaria.

Puedes crear este diseño en cuestión de segundos. Simplemente divide la página de cuadrícula punteada horizontalmente en tercios iguales. Luego, etiqueta cada sección con los días de la semana. A la mayoría de la gente le resulta útil juntar sábado y domingo en una sección.

* *El método Bullet Journal* fue inventado por Ryder Carroll, un diseñador de la ciudad de Nueva York.

LUNES, 01/01

- Tarea 1
- Tarea 2
- Tarea 3

JUEVES, 04/01

MARTES, 02/01

VIERNES, 01/05

MIÉRCOLES, 03/01

FIN DE SEMANA, 06/01 - 07/01

DIARIO DE VIÑETAS (cont.)

```
L  M  M  J  V  S  D      PENDIENTES

▨ _____       - Tarea 1

  ▨ _____      - Tarea 2

    ▨ _____    - Tarea 3

      ▨ _____  - Tarea 4
```

PLANTILLA DE PRODUCTIVIDAD SEMANAL

Este es un ejemplo de pliego de dos páginas para hacer un seguimiento de tus pendientes en un esquema semanal.

Para crear un esquema semanal divide el pliego en tres secciones iguales de forma vertical. Etiqueta los días de la semana («L» para lunes, «M» para martes, y así sucesivamente) en columnas. Sáltate una columna de la cuadrícula punteada y usa los dos tercios restantes del pliego para tu lista de tareas semanales. Siempre que hayas terminado una tarea, márcalo en el cuadrito del día correspondiente. Al final de la semana tendrás una lista simple que cataloga lo que lograste durante la semana y cuándo sucedió.

ENE	FEB	MAR	ABR	MAY	JUN

PLANTILLA DE PRODUCTIVIDAD MENSUAL

Este pliego de dos páginas se puede utilizar
para la organización mensual.

Una forma de hacer un esquema mensual es
dividir cada página del pliego de cuadrícula
punteada verticalmente en tres columnas
iguales. En la parte superior de cada columna
escribe los meses según tus necesidades. Luego,
simplemente anota tus principales tareas,
proyectos y metas para cada mes. Esto te dará
un resumen de tu vida de seis meses.

EL MÉTODO IVY LEE
Una rutina diaria para la máxima productividad

Un día de 1918, Charles M. Schwab, el presidente de una gran empresa siderúrgica, organizó una reunión con un muy respetado consultor de productividad llamado Ivy Lee. Según la leyenda, Schwab trajo a Lee a su oficina y le dijo: «Muéstrame una manera de conseguir hacer más cosas».

«Dame 15 minutos con cada uno de tus ejecutivos», respondió Lee.

«¿Cuánto me costará?», preguntó Schwab.

«Nada», dijo Lee. «A menos que funcione. Después de tres meses puedes enviarme un cheque por lo que sea que creas que vale para ti».

Lee regresó unos días después. Durante 15 minutos con cada gerente explicó una rutina diaria simple para lograr la máxima productividad:

1. Al final de cada día de trabajo anota las seis cosas más importantes que deberás lograr mañana. No escribas más de seis tareas.
2. Prioriza esos seis elementos según su orden de verdadera importancia.
3. Mañana concéntrate solo en la primera tarea. Termínala antes de pasar a la segunda.
4. Haz lo mismo con el resto de las tareas de tu lista. Al final del día, mueve las tareas sin terminar a una nueva lista de seis tareas para el día siguiente.
5. Repite este proceso cada día.

Schwab y su equipo en Bethlehem Steel lo probaron. Después de tres meses, Schwab estaba tan encantado con el progreso que llamó a Lee a su oficina y le emitió un cheque por $25 000 dólares (el equivalente a más de $400 000 dólares de hoy).

Tú también puedes usar este método para priorizar tu lista de tareas. Aquí tienes un ejemplo: Traza una línea horizontal en el tercio superior de la página y anota las seis tareas más importantes para hoy y ordénalas según su verdadera importancia. Los dos tercios restantes de la página se pueden utilizar para notas.

Al final del día, pasa a la página siguiente y dibuja otra línea horizontal. Mueve cualquier elemento sin terminar de la lista anterior y priorízalos de nuevo. Ahora estarás listo para arrancar mañana.

Cada día, haz lo más importante primero. Es el único truco de productividad que necesitarás.*

---

* Puedes utilizar la sección «Una línea por día» de este diario para crear una versión optimizada del método Ivy Lee. Simplemente anota tu tarea más importante del día. Para obtener más información sobre el método Ivy Lee, visita jamesclear.com/ivy-lee.

MAÑANA 16/AGO

1. Ejercicio
2. Ir al doctor para checkup
3. Recoger medicamentos
4. Cena con David
5. Contestar correos
6. Recoger ropa tintorería

NOTAS

Esquema Ivy Lee

RASTREADOR DE ENTRENAMIENTOS
Registra tu progreso

Hacer un seguimiento de tus entrenamientos (ya sea con un diario, una aplicación u otra cosa) debe cumplir tres objetivos:

✎ Tu rastreador de entrenamientos debe ser rápido y fácil para que puedas pasar tu tiempo haciendo ejercicio. Tu tiempo debes dedicarlo a hacer ejercicio, no a registrarlo.

✎ Tu rastreador de entrenamientos debería ser útil. Nuestro mundo moderno se está desbordando de datos y no podemos reaccionar a la mayor parte. Yo prefiero un sistema que registra la información esencial de lo que he hecho (para que pueda ver mi progreso), que reduce los errores mientras hago ejercicio (para así poder ser más eficaz con mi tiempo), y eso me ayuda a tomar decisiones informadas sobre qué hacer durante mi próximo entrenamiento.

✎ Tu rastreador de entrenamientos debería ser versátil. Yo no quiero tener que buscar una nueva aplicación o desarrollar un nuevo sistema cada vez que quiera realizar otro estilo de entrenamiento; debería ser capaz de adaptar mi sistema actual a cualquier estilo.

Con esos objetivos en mente, aquí está el rastreador de entrenamientos que mejor ha funcionado para mí.

Anota la fecha y tu peso corporal (si lo deseas) en la parte superior de la página.

La belleza de este sistema es que es increíblemente versátil y a la vez limpio y simple para cualquier entrenamiento. Entrenamientos de *bodyweight* (en los que trabajas con el peso de tu cuerpo), entrenamientos de fuerza, entrenamientos de velocidad... Este rastreador de entrenamientos funciona para todos. Es simple, es ajustable, y funciona.

01/01   Peso: 87 K

SENTADILLAS   45 - 1 X 5
                135 - 1 X 5
                225 - 1 X 3
                315 - 1 X 3
                345 - 3 X 3

LAGARTIJAS   45 - 1 X 5

Esquema para entrenamiento de fuerza

01/01   Peso: 87 K

"FRAN"

21 - 15 - 9 POR TIEMPO

THRUSTERS (95#/65#)

Esquema para entrenamiento de *crossfit*

01/01   Peso: 87 K

10 KILÓMETROS CORRIDOS

47 : 34

RITMO = 6 MIN/KM

Esquema para entrenamiento de carrera

DIARIO DE ALIMENTOS
Mide lo que comes

Los científicos han encontrado que uno de los predictores más precisos de si una persona perderá peso o no depende de si lleva un *diario* o *bitácora de alimentos*.* Es una forma rápida y sencilla de registrar lo que comes durante el día. Solo te toma unos pocos segundos, pero te brinda un gran aumento de conciencia. La mayoría de la gente no se da cuenta de cuántas calorías consume en un día determinado. Los diarios de alimentos ayudan a cambiar eso.

Cuando llevas un diario de alimentos, es importante centrarte en tu rendimiento general para evitar obsesionarte con una comida en particular. De hecho, los dietistas y entrenadores de pérdida de grasa a menudo instruyen a sus clientes a registrar todo lo que comen, pero a medir su progreso calculando cuántas calorías consumen durante la semana. A ellos no les preocupa si te das un atracón una o dos veces. Las comidas individuales no importan si mantienes la «velocidad media» adecuada a lo largo de la semana. El foco está en la regularidad y el progreso a largo plazo.

Este cuaderno de notas hace que crear un diario de alimentos sea lo más fácil posible. En la parte superior de la página escribe la fecha y tu peso de ese día. Luego, divide la página de cuadrícula punteada en dos mitades. Del lado izquierdo registrarás los alimentos que comes. En el derecho, los macronutrientes (grasas, carbohidratos y proteínas) y el total de calorías de cada alimento.

Eso es.

Al final de cada día puedes sumar tus macronutrientes y calorías para ver dónde estás parado.

*http://www.ajpmonline.org/article/S0749-3797(08)00374-7/abstract

01/01 DIARIO DE ALIMENTOS Peso: 97 K

	GRAS	CARB	PRO	CAL
Yogurt griego	0	12	15	110
Manzana	0	25	0	95
2 huevos	12	1	14	160
	12	38	29	365
		TOTAL		

Esquema de diario de alimentos